ESPAÑA
hoy

TEXTO: **M. WIESENTHAL**
DISEÑO: **J. OPISSO**

1.ª Edición, Marzo 1979
I.S.B.N.
84-7424-118-9

ESPAÑA HOY

España fue siempre como esas mujeres que despiertan pasiones con el arabesco de su paso y de su cuerpo; como esas mujeres que encienden las luces más vivas y brillantes de nuestro deseo. Los puritanos las llaman cultas, sensibles, románticas... Son formas avergonzadas de referirse a todo aquello que despierta el calor de nuestros sentidos.

España es una tierra de torso abrupto y sensual, de carne apretada y descubierta. Atrae a los viajeros, como las sirenas mitológicas capturaban a los navegantes: los envuelve en sus brazos, los conduce a través de su canto y su misterio, los duerme para despertarlos a la vida.

Yo creo que el viaje es una aventura de los sentidos. Hasta los antropólogos están de acuerdo en que el hombre comenzó a desarrollarse como individuo cuando se hizo nómada. Salimos de casa para ver, probar, cazar, sentir, experimentar. Cuando un país, como España, es capaz de atraer a lo largo de la historia a tantos millones de nómadas o de turistas, no cabe duda que tiene un tirón misterioso y profundo para los sentidos.

España no es una tierra de ideas abstractas. El romanticismo y la abstracción son productos nórdicos, fabricados con niebla y grasa. Lo español es la vida, la imagen, lo concreto, la carne; conceptos que se elaboran con luz y aceite de oliva. Cuando un español sale artista pinta bodegones como Zurbarán, talla imágenes de la Virgen como Salcillo, o escribe en prosa picaresca como Cervantes. Hasta los famosos místicos españoles, como Santa Teresa de Jesús, veían a Dios entre los pucheros de la cocina. Cuando Velázquez pinta a Baco le pone cara de golfo madrileño, y cuando pinta a las viejas las retrata friendo huevos. Las grandes ideas españolas corren siempre el riesgo de ir a parar a la sartén o al puchero.

La imagen romántica y puritana de España falsea esta sensualidad cruda y carnal del país. Los propios españoles, cuando salen hipócritas o tímidos, se dejan arrastrar por la teoría de España y olvidan su cuerpo, su dolor, su calentura. Cuando se tiene por madre a una matrona vieja y cansada, es fácil amarla. Los españoles, sin embargo, se sienten hijos de una tierra brava, exigente, altiva; cuando miran muy fijamente a su patria tienen como un miedo inconsciente de caer en el incesto, ese terrible y aristocrático pecado cuyo secreto guardaban los pueblos antiguos hasta que Freud lo puso al alcance de las masas.

Cuando la vida nacional se mueve en esas confusas fronteras, aparece la imagen trágica de España. Un pintor simbolista podría retratarla, morena y lívida como una Lucrecia Borgia, entre unos hijos disparatados y celosos que se la disputan a golpe de espada.

España es un país hembra, de matriarcado, de belleza, de vírgenes. El español venera a la mujer. Ha llegado a idolatrarla tanto que, durante siglos, la tuvo prisionera en un templo de exigencias y conceptos herméticos: la honra, los celos, el hogar. Todos los pueblos españoles tienen su virgen: Nuestra Señora de Guadalupe, en Extremadura; la Virgen de Covadonga en Asturias; la Mare de Dèu de Montserrat en Cataluña... La Macarena de Sevilla es la más famosa de estas imágenes femeninas y matriarcales de la religiosidad española. Algunos opinan que la Macarena ni siquiera representa a la Virgen María, sino a una hermosa y desgraciada princesa mora que vivió a orillas del Guadalquivir. Todo es posible. Todo puede pasar en una de esas noches cálidas y perfumadas de la Semana Santa sevillana, cuando la Virgen de la Macarena recorre las calles de la ciudad, como una princesa morena que despierta oleadas de pasión. El pueblo grita, reza, llora, le canta. Y los más exaltados la piropean como si fuera una mujer.

— ¿Verdad que es bonita?

— Más guapa y más decente que nadie; que se pasa la noche en la calle y vuelve a su templo tan virgen y tan honrada como salió.

El ideal estético español es siempre femenino. Y por eso, una de las figuras más clásicas de la literatura española fue el Don Juan: el hombre que, a base de amar a las mujeres, quisiera parecerse a ellas y les roba todo: la palabra, la honra, la belleza, la risa y el cuerpo.

Quizás el español es el último superviviente que queda ya de la Europa del Renacimiento. Stendhal decía que es el último "tipo" que conserva Europa. Y Maurice Barrés escribía, aún más rotundamente, que "España es la aristocracia del mundo". Hasta los más humildes artesanos españoles —comenta con asombro un viajero italiano de 1513— tienen en la cabeza "fumo di fidalgo".

El léxico castizo castellano está lleno de expresiones que confirman ese sentimiento altivo de la honra. Como dicen los versos clásicos de Calderón:

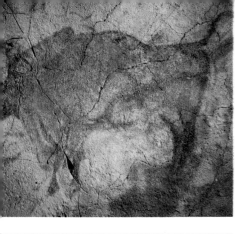

Al rey la hacienda y la vida
se ha de dar; pero el honor
es patrimonio del alma,
y el alma sólo es de Dios.

Ese concepto del honor, como manifestación del tono espiritual, como suprema virtud de la aristocracia, ha dado origen a un vocablo típicamente español: el *pundonor*, la vergüenza íntima, el sentimiento hondo de la propia dignidad. Para entender a los españoles —y comprender todos los matices de su idioma— hay que analizar delicadamente estos sentimientos. La lengua castellana tiene un léxico propio para manifestar ciertos estados de ánimo típicos del español. Así, por ejemplo, los matices más rotundos y definitivos del deseo se expresan en la palabra *gana*. Cuando un español dice *no me da la gana* está manifestando una rebelión que ocurre a nivel de su fisiología; justifica su negación atribuyéndola al funcionamiento peculiar de sus glándulas o sus hormonas. La *gana* es una forma dramática del deseo. Y el español distingue siempre entre los deseos confusos, metafísicos, ideales, y los deseos vitales que nos cimbrean, como un hambre, con especial violencia; sólo estos últimos constituyen las *ganas*.

El español, como producto contradictorio de una mezcla de sangres y de ideas, se muestra, a veces, un poco escéptico. Sólo cree en las cosas que se manifiestan radicalmente —casi biológicamente— en el fondo de su ser. No admite más realidad que la vida cruda. Por eso sus grandes artistas han sido tan magistrales pintores del objeto como Velázquez o Zurbarán. Y por eso también el español ha sido siempre un hombre de *principios*: sentaba las bases de su filosofía como si estuviera mostrándole a un médico el funcionamiento de sus entrañas. Decirle a un español que no tiene *principios* es una ofensa muy grave. Y, realmente, la historia del país se ha movido siempre en el terreno de los grandes principios. Los españoles conquistan América por un *principio* de aventura y misión; expulsan a moros y judíos por un *principio* de unidad religiosa y racial; realizan la Contrarreforma contra Lutero por un *principio* de fidelidad a la tradición religiosa. Casi todas las grandes empresas españolas están hechas *por principio*, igual que obraba aquel personaje inmortal de la literatura castellana, el hidalgo Don Quijote de la Mancha, que adoptaba *por principio* los ideales de la andante caballería.

Quizá por eso la historia de España ha ido siempre ligeramente a la zaga de la de otros países europeos. El español necesitaba primero elaborar pacientemente sus principios, esperar que los elixires preciosos de la *gana* funcionaran en el fondo de su fisiología. Así, antes de la aventura de América, el país tiene que entrenarse en varios siglos de lucha frente a los moros; en esa lucha interminable de la Reconquista se forjan el hidalgo y el bandolero, los hombres capaces de conquistar el mundo. Y así también detrás de la Contrarreforma

no están los tercios de Carlos V sino toda una legión de santos y místicos que elaboran los *principios* de la religión. Con el mismo retraso sale al campo Don Quijote, armado caballero, cuando ya la literatura de caballería se acaba en toda Europa; sale tarde, pero un caballero español como él sale siempre cuando *le da la gana*.

Este retraso en el obrar dio incluso origen a una expresión muy utilizada en Europa para designar a los socorros que llegaban tarde: *socorros de España*. Como escribe un historiador del siglo XVIII: "Los ingleses acuerdan antes de tiempo; son prudentes. Los franceses actúan sobre la marcha: son orgullosos e improvisadores. Los castellanos no actúan hasta que la cosa está pasada".

Un pueblo que actúa con tantos principios no puede obrar, evidentemente, a la ligera. Los españoles se han pasado la mitad de su historia elaborando sistemas políticos y constituciones que luego eran rechazados por una generación posterior que creaba otros *principios*. En este momento, por ejemplo, España intenta crear nuevas formas políticas para su convivencia, una nueva imagen que se adapte al mundo actual. Pero hace ochenta años, la llamada generación del noventa y ocho —los hombres que vieron la agonía del Imperio Español en Cuba y Filipinas— intentaban la misma empresa: meditar sobre la esencia de España. Pero un siglo antes, los primeros periodistas del romanticismo buscaban ya una respuesta a la crisis de España y a los problemas surgidos de la invasión napoleónica. Yo diría que España es una crisis continua y que los españoles se han acostumbrado a vivir en estado crítico.

En esos momentos de naufragio, de inquietud y agonía, se manifiesta con toda brillantez el genio español. Hasta el barroco español —el estilo que define a la Contrarreforma— se crea en la decadencia del Imperio: es como el último gesto de la bohemia española, la exageración estética que entretiene y alimenta a un pueblo hambriento. La mayoría de los artistas españoles, desde Cervantes a Valle Inclán, han vivido en un olvido tan absoluto, en una pobreza tan integral, que hasta su miseria era barroca. Vivían como orfebres del aire, apurando el estilo y el detalle, esperando a la muerte. La burguesía española, escasa, pobre, y en su mayor parte villana, nunca le tuvo aprecio al arte. Si hoy España puede presumir de poseer una de las mejores colecciones de pintura del mundo, el Museo del Prado, debe agradecerlo a sus reyes. Ellos fueron los únicos mecenas de ese tesoro artístico y lo reunieron como una colección particular, legada luego al país.

La formación de España no ha sido empresa fácil. Hasta la propia geografía del país —uno de los más montañosos y accidentados del continente europeo— ha creado serias dificultades de comunicación entre las distintas regiones. Sucesivas invasiones complicaron aún más este mestizaje de razas y culturas. La herencia gótica se manifiesta especialmente en la meseta castellana, en sus viejas luchas feudales, en sus monumentos, en su espíritu esencial y meditativo. La tradición fenicia y griega —fundamentalmente comunicativa y comercial, civilizada y formalista— pesa más en las tierras mediterráneas del Levante. La historia romana y árabe —refinada y agrícola, aristocrática y universal— aparece en Andalucía, una tierra que dio a Roma emperadores y filósofos (Trajano, Séneca, Lucano) y aportó varios nombres ilustres a la civilización islámica (Abderrahman III y Maimónides).

Dentro de ese magnífico *puzzle* de tradiciones hay, sin embargo, una historia común y una relación de convivencia que se ha puesto de manifiesto en las mejores épocas de la vida española. A veces, muy a la ligera, se piensa que los españoles forman un pueblo insolidario y exclusivista; para apoyar esta versión se acude a las guerras civiles —que no faltan, como en cualquier país del mundo— o a la expulsión de judíos y moriscos. No se cita, sin embargo, la larga convivencia de cristianos y moros, durante siglos, en el solar común de España. Nadie cita esa Edad Media española —tan bárbara en otros países— cuando judíos, árabes y cristianos convivían en perfecta relación bajo el reinado de monarcas como Fernando III, a quien sus súbditos llamaban "el emperador de las tres religiones". La larga guerra de la Reconquista frente a los moros acostumbró a los españoles a respetar la dignidad ajena y el valor del adversario. Gran parte del romancero medieval español se dedica a glosar las hazañas de los moros. Y España debe ser uno de los pocos países que conserva entre las mejores obras de su literatura épica una pieza que tiene por protagonista y héroe al caudillo enemigo, el indio Caupolicán de *La Araucana*.

En ese espíritu romántico y caballeresco radica también el principal problema histórico de España. La vida española tiende, con peligrosa facilidad y frecuencia, a convertirse en espectáculo y romanticismo. Quizá por eso dio tanto tema a los viajeros del siglo XIX que buscaban en ella las imágenes más sentimentales y descabelladas. "Contemplada con espíritu simplista —dice Barrès— España parece llevar consigo misma su propia parodia." Así surge la España de Dumas, llena de bandidos y toreros: una imagen disparatada y deforme que los europeos consumen como una droga. Un viajero romántico afirma que los catalanes viven obsesionados con el color amarillo, y nos describe un país maldito, habitado, como un poema de Baudelaire, por gatos tuertos que se pasean por los claustros de las catedrales. Es una España adaptada a los dibujos de Gustavo Doré, de las Orientales, de la ópera *Carmen*. Los mozos de mulas del país se ponían de acuerdo para atacar a los turistas que venían en busca de emociones

Corrida de toros

Procesión de Semana Santa en Sevilla

Alfarero de Chinchilla, Albacete

fuertes. Pero esa imagen deforme y disparatada es también rotundamente española. Nadie puede acusar a los extranjeros de haberla creado; es sencillamente la España de los Caprichos de Goya o de los Esperpentos del escritor Valle Inclán. El disparate es el último acto del barroco español. Pocos países en el mundo tienen esa capacidad tan acusada de convertirse en espectáculo, en drama, en corral de comedias. Yo creo que habría que remontarse a los comienzos del teatro griego, a aquellos dramaturgos que eran capaces de transformar una vulgar riña de familia en una tragedia del destino. Cuando el español hace algo —duerme la siesta, corteja a su amante o firma un acuerdo comercial— crea inmediatamente un rito, un estilo, una liturgia. Quizás es la vieja herencia clásica de todos los pueblos mediterráneos. Pero el español se parece siempre a aquel mendigo de un pueblo andaluz que pedía limosna:

— Señorito, déme una limosma para comprarme un sombrero, por el amor de Dios.

— ¿Y por qué no se compra usted un pan? —le pregunta un extranjero sorprendido.

— Es que sin sombrero... ¿cómo voy a saludar?

En España hay que saber saludar; hay que conocer el profundo lenguaje de las formas que admite infinitos matices. Hay que captar también eso tan sutil, tan volátil, que los españoles llaman el *aire*. El aire es algo más que el estilo: una catedral, por ejemplo, puede tener estilo gótico y un *aire* siniestro; una persona puede tener un *aire* aristocrático. Al gesto elegante o inspirado se le llama *airoso;* al desprecio le llaman *desaire;* y a la gracia le colocan delante esa partícula ennoblecedora que se pone al frente de los nombres de persona —Don Luis, Don Carlos, Don Felipe— y la llaman *donaire*.

Yo creo que el aire, ese espíritu sutil que dibuja volutas en el cielo, es un símbolo más de la imprecisión y del barroquismo español. Hasta la ciencia, a veces, se contagia de esa misteriosa inspiración.

— Doctor, me duele el hígado. ¿Cree usted que es algo grave?

— Veamos... (el médico se arma con todos los terribles instrumentos de su ciencia y ausculta al paciente).

— ¿Es grave?

— Pues... esto tiene todo *el aire* de ser una hepatitis.

El aire en España puede ser cualquier cosa, desde una postura elegante hasta un síntoma de hepatitis. El español necesita, como el mendigo su sombrero, un lenguaje de formas. Y cuando las cosas no se presentan claras ni perfiladas... pues tienen *aire*.

Baile vasco	Romería del Rocío (Andalucía)
Danza florida de aros (Santander)	Gaiteros de Vigo (Galicia)
	Fiesta de Moros y Cristianos
Baile andaluz	Castellers (Vilafranca del Penedés)
"Corre de bou" (Cardona)	Falla (Valencia)

Este fervor por la forma se manifiesta de muchas maneras. Hay un lenguaje revolucionario y otro conservador, una forma de ser pobre y otra forma de ser aristócrata. Para quien se sale de esos límites aceptados, el lenguaje coloquial español reserva un calificativo característico: es un *cursi*. Llevar, con apostura, un sombrero de ala ancha en un desfile de caballos de la Feria de Sevilla es un detalle elegante. Pero ponerse unos guantes de piloto de carreras para conducir un automóvil descapotable es *cursi*. Hay que conocer muy a fondo los ritos y costumbres del país para no caer reo de *cursilería*. El lenguaje de los gestos, la expresión plástica de la vida española, se lleva hasta la política, a veces con trágicos resultados. Así, por ejemplo, las revoluciones suelen traer a los países un nuevo orden de ideas que afecta a la libertad, a la organización social, a la economía, etc. En España, las revoluciones no hacen generalmente nada de eso: se limitan a cambiar la bandera, a componer un nuevo himno nacional, a sustituir una dinastía

real por otra, o a inventarse una nueva forma de saludar. La guerra de los saludos —brazo en alto como los fascistas, o puño en alto como los comunistas— llegó a amargar la vida de la España republicana de los años treinta. El país se lanzó a una verdadera orgía formalista donde la calidad de un individuo o las ideas de un ciudadano se medían por sus gestos. Hasta tal punto que el viejo ministro de la monarquía, Don Antonio Maura, cuando ya estaba en el exilio, le contestó a un amigo que se interesaba por su suerte.

— A España no volveré, mientras no se pueda saludar con el sombrero.
España es así: una incógnita para los propios españoles, un gesto ante la vida, "la aristocracia del mundo" para Maurice Barrès.
— España y yo somos así, señora —exclama un personaje del teatro clásico español cuando, en un gesto hidalgo y galante, lo ha dado ya todo por su dama.
Pero eso lo dice quitándose el sombrero.

ANDALUCIA

En el variado conjunto de las tierras de España, Andalucía ha tenido una de las más hermosas misiones históricas: en ella se han forjado las figuras estéticas más universales de nuestro país. Su paisaje, su danza, su temperamento, su historia fronteriza y movida, la convierten en arquetipo o musa de España. Hasta su misma situación geográfica la coloca en el fondo del mapa de la península, como producto sedimentado de distintas sangres, tradiciones e ideas.

Andalucía es como eso que los especialistas llaman *la madre* del vino: un poso o sedimento donde fermenta el sabor de España. Sus hombres muestran esa vieja sabiduría, cargada de amable y tierno escepticismo, que sólo se adquiere a base de una larga experiencia histórica. Los platos más típicos de su cocina, como el clásico *gazpacho*, están formados por la trituración y la mezcla de todos los productos de la huerta: son ya la quintaesencia o el espíritu mismo de la agricultura. Sus vinos están sedimentados y ennoblecidos por años de elaboración y espera. Y hasta su animal heráldico por excelencia, el caballo, es hijo de un suntuoso cruce de razas: española, inglesa y árabe. La sangre de tres pueblos civilizadores y creadores de imperios, para formar un caballo andaluz.

Los andaluces son un pueblo clásico, amante de la belleza. Rechazan, por principio, el colosalismo y el artificio. Su estética se basa siempre en las cosas naturales: la flor, la cal, o hasta el propio cuerpo que dibuja volutas cuando danza. Los únicos monumentos grandilocuentes de Andalucía suelen ser del "tiempo de los romanos"; y, en su mayor parte, el tiempo los ha ido triturando, convirtiéndolos ya en puro *gazpacho de la arqueología.* El ideal de la estética andaluza es siempre sencillo. *¡Casi ná!,* casi nada, que dicen los castizos cuando algo les llega al corazón. Pero la nada andaluza no es la nada absoluta y desesperada de los filósofos: es lo más ligero, lo mínimo, la belleza esencial contenida en el perímetro de una cintura de mujer o en un perfume de rosa.

El andaluz no es exactamente un pueblo creador. Su gracia consiste en la facilidad que posee para adaptar y hacer habitables los inventos ajenos. Ahí tenemos, por ejemplo, los elementos más típicos de la arquitectura andaluza, como el *patio* o la *cancela,* que hoy forman parte de la fisonomía característica de la región, aunque no hayan nacido en ella. Porque el patio es una creación de la casa romana, y la cancela es un ornamento renacentista. Sin embargo, el andaluz ha sabido apropiárselos,

adaptándolos a su sistema de vida. Al patio llevó el andaluz sus flores, sus macetas, y hasta su cuerpo cansado a las horas plomizas de la siesta veraniega. A la cancela ha llevado su poética conversación de pueblo meridional. Los novios se hablan de un lado a otro de la cancela dejando entre ellos ese pequeño espacio natural por donde entran y salen los calores del deseo. Lo justo para que el amor se convierta en aire volátil, en susurro, en perfume, en *casi ná.*

Se ha repetido mil veces que el andaluz es un pueblo ocioso. Sin embargo, para desmentir esta afirmación, basta observar a los trabajadores andaluces que viven como emigrantes en las grandes ciudades industriales de Europa. No es difícil, para un pueblo que conoce los más profundos secretos del espíritu, adaptarse a las normas de la sociedad laboral o burguesa. En la misma Andalucía se va acometiendo ya una tardía evolución industrial que puede salvar de la emigración a miles de hombres. Esa es la urgencia de la sociedad moderna, poco clemente y misericordiosa con las posturas estéticas o con la contemplación lírica. Andalucía acomete su revolución industrial, bajo el signo de esta hora; pero preserva también, afortunadamente, su verdad, su espíritu.

No le pidáis, por eso, a un andaluz que renuncie a su espiritualidad poética o a su sueño oriental de ocio. El andaluz tiene siempre cierto pudor de su trabajo. Sabe que ponerle a la vida el lamento del esfuerzo es como ponerle a un regalo la marca del precio.

—¿En qué trabaja usted?— le preguntó un burócrata que rellenaba impresos de estadística a un obrero del campo andaluz.

—Yo no hago nada— dijo el hombre, secándose el sudor de la frente con sus manos sarmentosas, morenas, gastadas.

—¿No hace usted nada?— replicó el burócrata con un remilgo acusador.

—Bueno; hacemos el vino... porque el vino se hace solo.

Cuando veáis los campos de Andalucía, llenos de olivares y viñas, como un paraíso bíblico donde el hombre trabaja de sol a sol, hasta convertirse en olivo viejo o en sarmiento retorcido, no penséis en el trabajo. Porque esto, como el vino, se hace solo: a base de historia, a base de años, a base de espíritu.

Patio de los Leones (La Alhambra)

SEVILLA

Parque María Luisa

Vista parcial

Torre de Oro

La Giralda

Feria de abril

CORDOBA

Vista parcial

Calleja florida

Patio típico

Sinagoga

Plaza de la Corredera

CORDOBA, LA MEZQUITA

Exterior

Interior

Puerta de San Miguel

CADIZ

La Catedral

Plaza de los Reyes Católicos, Jerez de la Frontera

Plaza de España

Algeciras

Castillo de Puerto de Santa María

Algeciras

Arcos de la Frontera

MALAGA

Plaza de Queipo de Llano

Fuengirola

Ronda

Ojén

GRANADA

La Alhambra

Jardines y Torre
de las Damas,
La Alhambra

Patio de la
Acequia,
El Generalife

GRANADA

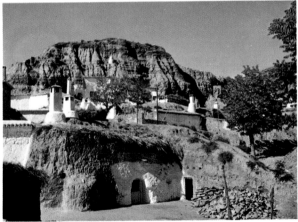

JAEN

Calle típica de la
ciudad vieja

Martos

Cazorla

Olivares de la
provincia de
Jaén

ALMERIA

Mojácar

La Alcazaba

HUELVA

Monasterio de
la Rábida

Ayamonte

ARAGON

Donde comen dos comen tres, dice un viejo refrán que resume la cortesía y generosidad del español a la hora de compartir el alimento con un huésped. Entre gente acomodada sería una fácil y simple fórmula de educación. Pero los gestos de la hidalguía española no son patrimonio de las clases pudientes.

Así ocurre también con los pueblos más humildes del país; por ejemplo, en esas tierras bravas de Aragón donde el pan se saca, a base de sudor, de las piedras. Llamad a cualquier puerta y encontraréis hospitalidad. Donde apenas comen dos, comen sobradamente tres. ¿Hay que interpretar así, por vía de amor y generosidad, el milagro de la multiplicación de los panes? De esta forma, al menos, lo han interpretado siempre los hombres de Aragón. Fue la tierra que dio albergue y asilo durante más tiempo a los judíos y moros, cuando ya estaban siendo expulsados del país. El resultado de esa hospitalidad son los mejores monumentos mudéjares de España. Visitad esas iglesias y contemplad sus torres que se levantan como alminares sobre el ancho paisaje. Ahí tenéis el testimonio más verídico de la historia aragonesa: concordia entre nativos y extranjeros, entre religiones e ideas.

Hospitalario y cordial con el amigo que viene de fuera, el aragonés es, sin embargo, un apasionado defensor de su tierra frente a cualquier invasor que intente conquistarla por la fuerza. Cuando se siente amenazado, el pueblo aragonés se refugia en sus propias esencias, en ese fondo más sólido de su personalidad donde encuentra sus mejores virtudes. Entonces es capaz de todo: de sufrir asedios, hambre, bombardeos... se alimenta de un extraño maná que segregan las glándulas del aragonés amenazado. Así, frente a la invasión romana, dan legiones de mártires antes de rendirse a los césares. Y luego, frente a la invasión francesa, protagonizan los lances más increíbles de la resistencia. En esos momentos de la Guerra de Independencia contra Napoleón es cuando un aragonés genial, Francisco de Goya, pinta la tragedia de España.

Goya es, en muchos aspectos, un arquetipo del genio aragonés. Pintor insurrecto y sincero, se rebela contra todos los amaneramientos del arte. Domina como nadie las disciplinas del dibujo y la técnica de la pintura; porque, como buen aragonés, no se espanta ni retrocede jamás ante el esfuerzo. Pero se rebela contra el amaneramiento formal, contra todo arabesco inútil añadido a la vida o al arte.

Aragón está construido de ladrillo, que es una materia elemental y lógica; algo así como la unidad o la célula de la arquitectura. Todo lo que no es sólido o no tiene base, repugna al aragonés. Hasta la Virgen María, cuando se aparece en Aragón, viene montada en una columna. Todos los aragoneses veneran con extraordinario fervor a esa Virgen del *Pilar* que es la patrona de esta tierra fuerte y sólida. La mayor parte de las tierras aragonesas son de secano, y el labrador debe trabajar sus cosechas con ánimo tenaz.

> Ya vuelven los segadores,
> de segar en los secanos,
> abrasadas las costillas
> y los puños agrietados.

Así lo dice la *jota*, la canción popular aragonesa. Se baila con los brazos levantados, echando las piernas al aire, con un sentimiento enérgico y profundo. Es una danza ingenua y natural, sin artificio. Los españoles tienen una expresión peculiar para designar a los gestos que se realizan con naturalidad: *echar las piernas por alto*. Precisamente eso es lo que hace el aragonés cuando baila la jota. Sin embargo la danza tiene también un fondo tímido. Porque el aragonés es un poco vergonzoso al expresar sus sentimientos íntimos. Quizá teme al desengaño. No quiere morir, como el viejo Goya, de decepción.

Nadie piense, sin embargo, que el aragonés teme a la muerte. Su credo podría resumirse en aquellos versos de Quevedo que rememoran, nostálgicamente, las viejas virtudes españolas, olvidadas o dormidas en los años de decadencia del Imperio:

> Aquella libertad esclarecida
> que donde supo hallar honrada muerte
> nunca quiso tener más larga vida.

De amor, o de honrada muerte, mueren los amantes de Teruel, aquellos personajes de la leyenda aragonesa que vivieron como Romeo y Julieta. Los arqueólogos han descubierto su tumba en una pequeña capilla de esta ciudad aragonesa, demostrando así la verdad de la leyenda de amor. Frente a las tierras de secano, que se cultivan con esfuerzo, están también las dulces huertas que se labran con amor: las vides de Cariñena, los higos de Fraga, las frutas del Jalón, los olivos de Alcañiz... Y ya en el Pirineo, los valles y los parques naturales más bellos de España.

La mayor parte de la industria se concentra hoy en los núcleos urbanos, como Zaragoza o Calatayud. Pero ese espíritu de moderna eficacia no rompe

ZARAGOZA   El Pilar   La Seo Antigua   Plaza de España y Paseo de la Independencia.

ni altera la personalidad humana del aragonés. No es difícil abrir autopistas, canales de regadío, fábricas o centrales eléctricas en una tierra de basamento sólido, en un pueblo que ha mantenido como símbolo de sus ideas la figura arquitectónica del *pilar*.

HUESCA

Mallos de Riglos

Valle de Ansó

Castillo de Loarre

Valle de Ordesa

TERUEL

Torre de la
Catedral

Albarracín

Alcañiz

ASTURIAS

Las cosas de Asturias son siempre profundas, hondas, verdaderas. Es ésta una tierra de raíces, de cuevas, de genealogías, de minas. En los desfiladeros de Covadonga se inicia la reconquista de España durante la invasión árabe. Un grupo de nobles godos, al mando del príncipe Don Pelayo, se enfrenta a las tropas del califa. La guerra durará siglos y acabará, sin vencedores ni vencidos, con la mezcla y el mestizaje de razas y culturas: cristianos, moros y judíos formarán el alma del pueblo español. Pero Asturias juega un papel importante en este encuentro histórico; a ella le corresponde la defensa del patrimonio cristiano. Frente a la civilización árabe y al gesto barroco de Oriente, Asturias encarna la civilización cristiana, la herencia europea, la raíz románica. Ahí quedan, para demostrar esta fidelidad histórica, los monumentos grandiosos del románico asturiano: San Julián de los Prados, Santa María del Naranco, San Miguel de Lillo...

En tiempos del Imperio Español, muchos asturianos marcharon a las colonias de América para fundar allí haciendas y familias. Asturias siguió entonces fiel a su vocación matriarcal, convirtiéndose en raíz y fundamento del Nuevo Mundo.

El asturiano es fiel a su tierra, a sus amores, a sus cosas. Al cabo de los años volvía de América con algunos ahorros y los gastaba generosamente en su pueblo. Así se construían escuelas, iglesias, hospitales y esas grandes casonas que se levantan en medio de los valles. Todo es obra de los "indianos", los emigrantes de América.

Asturias es así: profunda, honda, verdadera. Sus montañas se despliegan bravamente, a lo largo de la costa cantábrica, formando grandiosas esculturas de piedra y nieve. En estos riscos cortados a plomo, esculpidos por torrentes de agua, vive una fauna casi arqueológica: osos, lobos, jabalíes, corzos, los mismos animales que pintaba el hombre prehistórico en las cuevas de la región.

En los capiteles del monasterio de San Pedro de Villanueva, los artistas medievales describieron, con encantadora ingenuidad, las escenas de la caza del oso. Uno de los cazadores, cubierto con pieles de carnero, reta a la fiera y lo acorrala, mientras otro de sus compañeros le clava un puñal en el corazón.

Profundos son también los valles verdes que descienden mansamente hacia las costas, salpicados de árboles frutales y hermosos caseríos. Estamos en la España húmeda, generosamente regada por el cielo, y los pueblos se aprietan unos con otros, como una familia delante de una mesa abundante y bien dispuesta. El paisaje de los valles es tierno, húmedo, casi franciscano: pequeños huertos y prados que parecen la propiedad común de un convento. Por los caminos ondulantes pasan los campesinos, con los carros cargados de heno, o las vaquerillas —*vaqueirines,* se llaman aquí— con su pie menudo calzado dentro de los zuecos.

El paisaje cambia bruscamente en los pueblos marineros de la costa, amenazados por la galerna. Allí estamos frente a la profundidad del mar entre hombres de valor y temple que no le temen a la tormenta. El asturiano está acostumbrado a navegar en aguas profundas, y se sonríe un poco ante las cosas trágicas.

> Debajo de tu ventana
> me quisieron dar la muerte,
> lucerín de la mañana
> por venir de noche a verte.

La canción típica de la región, la *asturianada,* muestra siempre esa sonrisa tierna ante las cosas profundas: la muerte, el amor, la vida. Se canta con voz fuerte y sentimiento dulce. Así, fuerte en su apariencia y dulce en su corazón, es el asturiano. Su lenguaje está lleno de diminutivos, como si quisiera quitarle dramatismo a las cosas. A la lluvia característica de esta región se le llama *orbayu:* es pequeña, menuda, insignificante, pero empapa a la tierra y al hombre.

Cuando las cosas son profundas, hondas, verdaderas, pueden contemplarse con ternura y humor.

> La mia muyer morreu
> Enterrela en un payeiru,
> dexei una mano fuera
> pa que tocara el pandeiru.

Así es la filosofía humana del hombre de los valles. Pero hay aún una Asturias más profunda, más honda, que penetra en las simas de la tierra para extraer el mineral: cobre, cobalto, antimonio, hierro, carbón... La naturaleza ha sido pródiga en el vientre de Asturias. Al amparo de esa riqueza se ha desarrollado una poderosa industria. Gran parte de la industria pesada del país tiene su sede en Gijón y Avilés. Pero esa riqueza, grandilocuente y poderosa, es como el vozarrón de la asturianada. Surge, en su raíz, de una fidelidad a las cosas verdaderas y profundas, de una entrega constante al corazón de la tierra.

OVIEDO

Hórreo

San Salvador de Valdediós, Villaviciosa

Capitel

OVIEDO

Catedral

Santa María del Naranco

Lago de la Encina, Picos de Europa

Covadonga

Puerto de Gijón

Playa de Gijón

Gijón

CASTILLA LA NUEVA

El nombre de Castilla evoca inmediatamente los perfiles de una tierra orgullosa e hidalga, feudal y heroica. Sin embargo, esos calificativos se aplican más bien a Castilla la Vieja, a las tierras altas regadas por el Duero. La historia de Castilla la Nueva es más modesta, más pobre. Esta región de anchos horizontes viene a ser el desnudo de España; es, en cierta forma, lo que queda de España y de los españoles cuando los desnudamos de todos los tópicos, de todos los adornos y vanidades.

Figuraos un guerrero altivo, la coraza resplandeciente, el casco empenachado de plumas, la celada bruñida, la espada en la diestra: eso es Castilla la Vieja. Pero dejemos ahora que el guerrero se desnude de sus armas y nos muestre su propia anatomía. Estamos en una venta cualquiera de la Mancha, junto a un pozo pintado de blanco donde bebe la luna. El momento es solemne, silencioso, íntimo, como todas las horas de Castilla. Y nuestro guerrero se va quitando, una a una, las piezas de su armadura. Bajo el resplandor de la luna y de la cal distinguimos ya su rostro enjuto, huesudo; su cuerpo escaso de carnes; sus piernas pesadas, de labrador que se mueve siempre por caminos polvorientos; su mirada lejana, soñadora, sufrida. Eso es Castilla la Nueva, la patria del hidalgo Don Quijote de la Mancha, la tierra donde las aventuras caballerescas y heroicas se convierten en humor.

Cuando Cervantes buscó una patria para Don Quijote eligió la Mancha. Podía haber imaginado a su héroe en una tierra más heroica: en Aragón, en Castilla la Vieja, en las fronteras del Pirineo. Pero su propósito no era, precisamente, darnos un libro tradicional de caballerías. Su héroe era un hombre honrado, un campesino soñador y enamorado: un castellano de la Mancha. Los personajes que rodean a Don Quijote son los tipos cotidianos de Castilla la Nueva: el ventero, el ama, el barbero, el cura... Hay incluso un trasfondo tierno y matriarcal en todas las aventuras del hidalgo. Sus lances y batallas acaban siempre con la vuelta al hogar y muere en la cama, rodeado por sus amigos. No cae, como el caballero heroico, en brazos de su ideal Dulcinea; muere en los brazos de las amas de casa, como un honrado abuelo que vuelve de la siega.

En Castilla la Nueva todo tiene un fondo doméstico, casi maternal. Hasta la gastronomía se cuece en horas interminables de fogón, bajo la mirada atenta del ama de casa. No es una tierra heroica ni feudal: es un mundo modesto, callado, sufrido.

MADRID

Plaza Mayor

Puerta de Alcalá

Monumento a
Cervantes en
la Plaza de España

El castellano nuevo nunca tuvo fueros ni privilegios; fue siempre vasallo fiel, amigo sin doblez, servidor callado. Sus castillos se fueron convirtiendo en pura ruina; todavía aparecen de tarde en tarde, reseñados en una lista de expropiaciones o de subastas, valorados a menos precio que un automóvil o un apartamento urbano. Ahí están también esos pueblos, deshabitados por la emigración, porque Castilla la Nueva no pudo nunca gozar de los privilegios de la industria. Hay un cinturón industrial en Madrid y algunas fábricas en Puertollano o Almadén. Muy poca cosa para una región que ha creado buena parte de la riqueza histórica y artística de España: Toledo, Cuenca, Guadalajara, el Madrid de los Austrias...
Los pueblos están alejados. Se agrupan en torno del agua, al amparo de un castillo en ruinas, bajo unos molinos de viento. Es una tierra silenciosa, de cielos azules, de gente meditabunda. Es el corazón de España, desnudo de todos los tópicos. Es un corazón generoso que ha transformado el pan en arte, el trabajo en aventura, su propia hacienda en camino de paso.

TOLEDO

Puerta Bisagra

Vista general

Catedral

Sinagoga del Tránsito

Casa del Greco

Típico molino, Mota del Cuervo

CUENCA

La Ciudad Encantada

Casas colgantes

Castillo de Belmonte

Castillo de Alarcón

CIUDAD REAL

Puerta de Toledo

GUADALAJARA

Murallas de Molina de Aragón

Vista panorámica de Sigüenza

Doncel (detalle), Catedral de Sigüenza

Casa del Doncel

Puente árabe

CASTILLA LA VIEJA

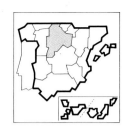

Nunca llueve a gusto de todos, dice un refrán castellano. Si eso es verdad a nivel humano, en Castilla también es verdad a nivel climático o meteorológico. Yo diría incluso que toda la vida de Castilla está montada sobre un azar, sobre una esperanza. Año de nieves, año de bienes. Si llueve en Santa Bibiana, llueve cuarenta días y una semana. El refranero castellano está lleno de plegarias a la lluvia. Se ha dicho, y es verdad, que los cielos de Castilla son muy grandes. Hay más cielo que tierra en estos campos horizontales, de una desnudez sedienta y mineral. Pero es que la misma Castilla es un capricho del cielo.

El campesino espera una lluvia menuda en septiembre para la siembra; heladas en invierno para que la simiente arraigue; vientos en marzo para fortalecer la planta; lluvias en abril y calores en verano para que la espiga se llene de fruto. Más que un calendario esto es una profecía bíblica, una oración al dios de la lluvia.

Los historiadores suelen decir que la tradición germánica y gótica, de los invasores medievales, tiene mucho peso en Castilla. Así se pretende explicar el temperamento esforzado y severo del héroe castellano. Y se cita como ejemplo a Rodrigo Díaz de Vivar, Mio Cid, el héroe por antonomasia de la epopeya castellana. Antes de entrar al servicio de su rey Alfonso VI, el Cid exige juramento al monarca de no haber tomado parte en la muerte de su hermano Sancho II. El rey jura en la iglesia de Santa Gadea de Burgos, pero no le perdona jamás a su súbdito esa afrenta. Rodrigo es desterrado, lejos de su familia, y pasa el resto de su vida conquistando tierras para su ingrato señor. Es una biografía heroica y amarga: una vida que depende de los azares del cielo, como el grano de trigo. Los invasores germanos dejaron mucho vocabulario heroico en el idioma de Castilla, palabras como yelmo, espuela, guerra, tienen raíz alemana.

La influencia gótica se expresó también en los mejores monumentos castellanos. Pero las formas heroicas de Castilla no pueden buscarse en la influencia genética de las invasiones; por estas tierras se han mezclado todas las sangres. La raíz paciente y heroica del temperamento castellano está en esa entrega fiel del hombre a la guerra. Vivir del campo es a veces más heroico que la reconquista de los Santos Lugares.

En los tiempos de Alfonso X, el castellano era pastor y vivía bien con la explotación de su ganadería. Por sus tierras pasaban los rebaños en busca de los pastos verdes del norte. Se creó incluso así una

BURGOS

Monumento al Cid Campeador

Puerta de Santa María y torres de la Catedral

La Catedral

Cartuja de Miraflores

Frías

Pancorbo

Monasterio de las Huelgas

Peñaranda de Duero

VALLADOLID

Fachada de la Universidad

Monumento a los Cazadores de Alcántara

Plaza de Zorrilla

Castillo de la Mota, Medina del Campo

notable industria lanera y cierta prosperidad mercantil. Las ferias medievales castellanas eran una especie de mercado común europeo: comerciantes de todo el continente acudían a estos pueblos para vender y fijar los precios de sus mercancías.

Al castellano le fue siempre más rentable la paz que la guerra. Pero, como nunca llueve a gusto de todos, se vio forzado por las circunstancias. Su tierra era frontera y línea de demarcación con los reinos árabes. Y así Castilla se encontró envuelta en una larga guerra de desgaste que duraría varios siglos. Luego vino el descubrimiento de América. Pero el dinero que venía del Nuevo Mundo se fue para pagar las guerras del Imperio.

Esperando la lluvia, el castellano ha mirado mucho hacia el cielo. Y en esa postura de éxtasis ha escrito las páginas más inspiradas de la literatura mística universal. Frente a la epopeya guerrera de Mio Cid aparece también la prosa de amor de Santa Teresa de Jesús. Es una literatura pensada entre los muros de piedra de unos pueblos fortificados, en las torres silenciosas de un país fronterizo y alto. Pero su tema es siempre la esperanza, la fidelidad, el amor caballeresco.

De Castilla han salido las ideas más universales de España. Probablemente hasta la misma idea de España es obra de la mente castellana. Con un grupo de pueblos diferentes y hasta rivales, los castellanos traman el tapiz renacentista de España. Vistos a ras de tierra, son pueblos muy distintos. Pero comparten la misma lluvia, el mismo cielo.

SANTANDER

Vista del Puerto Chico

Playa de Santander

Castro Urdiales

Casa de Santillana del Mar

Colegiata de Santa Juliana, Santillana del Mar

Montes Cantábricos

Laredo

CATALUÑA

Frente a la mística desnudez de la meseta, Cataluña aparece en el extremo nordeste de la península como una tierra abundante y rica. Para los pueblos más pobres de España ha sido siempre la tierra prometida. Y así la vieron ya también, a lo largo de la historia, fenicios, griegos, romanos y cartagineses.

El paisaje de Cataluña, desde las tierras altas y verdes del Pirineo hasta las llanuras frutales de Lérida o a las costas doradas de Tarragona, es dulce y pacífico, casi monástico. A veces parece dibujado por uno de esos artistas medievales que adornaban con delicadas miniaturas los Libros de Horas. Se comprende muy bien que los monjes eligieran estas tierras de olivo y vid para levantar sus monasterios. Los mismos reyes de Aragón y Cataluña están enterrados en Poblet, en el corazón de la tierra prometida. La esperanza y la sensualidad de la vida están siempre presentes en Cataluña. El campesino trabaja su huerto con una sencillez de monje, mientras su mujer borda o cuida de las aves de corral; pero la vida participa de la sensualidad de la tierra, de la luz, de los frutos.

Sin Cataluña, España estaría desnuda o mal vestida. Y esto no debe interpretarse sólo como una metáfora poética, puesto que también es verdad si se traduce al pie de la letra. Con las telas fabricadas por la industria catalana se ha vestido toda España durante siglos. Mientras otras regiones españolas se especializaban en la artesanía suntuaria del tapiz, Cataluña montaba sus fábricas de algodón y compraba en Inglaterra la maquinaria necesaria para desarrollar su industria textil.

En muchos momentos de la historia, Cataluña ha representado este papel de intermediario entre Europa y España. Podría decirse que el catalán es un traductor nato, un hombre dotado de especial sensibilidad para transvasar las ideas y los conceptos de una lengua a otra. Este pueblo, formado por una rica aleación de razas y culturas, tiene el don de las lenguas, el arte de la comunicación y del comercio.

Cataluña traduce, comercia, intercambia; pero no pierde su idioma propio, su personalidad íntima. La fidelidad al idioma es tan fuerte, en Cataluña, como la fidelidad a la tierra. El catalán fue la primera lengua hispánica que se separó del latín medieval, y tiene una enorme tradición de cultura. Hasta la poesía renacentista entra en España a través de un catalán, el poeta Juan Boscán, compañero de aquel guerrero enamorado que se llamó Garcilaso de la Vega. El libro de caballerías tiene en Joanot

Martorell, autor del Tirant lo Blanch, un magnífico intérprete. La crónica histórica alcanza magistral autoridad en Ramón Montaner. Y la literatura mística culmina en la obra de un mallorquín que escribía en lengua catalana: Ramón Llull. No estamos ante un fenómeno de cultura regional o folklórica: son nombres universales, artífices de auténticos monumentos del espíritu.

El catalán, como buen mediterráneo, capta el sentido universal de las cosas; pero no se siente a gusto entre conceptos abstractos o innombrables. Es un pueblo amante de las formas, del color, del dibujo. Cuando hace surrealismo se extasía en los colores como Joan Miró, o en el manierismo del dibujo, como Salvador Dalí. En Cataluña pervive la tradición clásica y aquella filosofía formal de los griegos donde todo tenía su medida y su peso. ¿Puede haber un lenguaje más universal que el del comercio?: dos mercancías distintas, dos objetos diferentes, se intercambian por su valor y su peso. Hay que ser traductor muy listo para encontrarle a las cosas sus justas equivalencias. En una tierra tan rica y tan dulce, el hombre puede sentirse como el árbol, pegado a sus raíces. En muchas casas catalanas, incluso humildes, encontraréis expuesto, como un timbre de gloria, el árbol genealógico con los nombres de varias generaciones de antepasados. Ahí está la historia de una familia que nunca abandona su tierra y conserva, de padres a hijos, la memoria de la *casa pairal,* de aquel rincón campesino donde tiene sus raíces. "Entre runas de somnis colgats —escribe el poeta Marius Torres— més prop de terra, Pàtria, guarda'ns: —la terra no sabrá mai mentir." El catalán es así, campesino y terrestre, hombre de tradiciones y raíces. El himno de Cataluña se titula *Els Segadors.* El fondo de la bandera catalana lleva el color de un campo de trigo, dorado por una buena cosecha. Y hasta los mejores pintores catalanes han sido paisajistas. "Soc de casa pagesa" (soy de casa campesina) se lee en el escudo de una de las más nobles familias catalanas.

No es ésta una tierra de latifundios. Excepto en la provincia de Lérida, más llana, las montañas recortan el paisaje y le dan peso y medida. El catalán encuentra siempre en el paisaje una llamada a la precisión, al detalle, a la forma. Esa atención en la mirada, cuando se aplica a la ciencia o a la técnica, da magníficos especialistas en todas las

Taüll (Lérida)

ramas del saber que exigen precisión o habilidad: cirujanos, cartógrafos, químicos, ingenieros, etc. Esa misma atención por el detalle marca ya un grado de civilización. Hasta las cosas más insignificantes —una piedra, un árbol, una canción— encuentran siempre en Cataluña quien las defiende o las cuida con amor.

Incluso en la costa, el amor de la tierra vence siempre al mar. Quizá por eso los navegantes catalanes se han dedicado más al cabotaje y a la pesca costera. Hubo una experiencia histórica que llevó a los catalanes hasta Constantinopla; pero es una aventura pasajera que dura muy poco. Lejos de la tierra comienza para el catalán la añoranza, el dolor.

Con el desarrollo de la revolución industrial, se presentó en Cataluña el peligro de una nueva sociedad deshumanizada, dividida en clases hostiles y desangrada por los conflictos laborales. Una enorme población emigrante, venida de todas las regiones de España, se asentó en Barcelona y en las poblaciones de su cinturón industrial. Era gente sin tierra, asalariados de unas fábricas que se nutrían de "mano de obra". El gran problema de Cataluña era integrarlos en su tradición, en sus formas, en su tierra. En la fiebre trágica de aquella avalancha, los sociólogos y los políticos proponían formas muy diversas para integrar a la emigración. Sin embargo, la solución catalana era la más fácil. Hoy, muchos de esos hombres, poseen gracias a su trabajo, una casa y un huerto: un poco de tierra de Cataluña.

Incluso en los momentos más trágicos de su historia, el catalán se muestra como hombre paciente, tenaz, constructivo. Resuelve todos los problemas por reducción a la unidad. Su método no es la revolución —ese giro demencial de trescientos sesenta grados que vuelve a dejar las cosas tan mal como estaban— sino la evolución: el árbol que crece da frutos cuando no se aparta de sus raíces.

BARCELONA

Catedral (Barrio Gótico)

Plaza de Cataluña

Rambla de las Flores

Palau de la Música Catalana

Sagrada Familia (Gaudí)

Vista general desde el puerto

Monasterio de Nuestra Señora de Montserrat

Monasterio de San Cugat

Sitges

TARRAGONA

Arco de Bará

Puerta de la muralla romana

Monasterio de Poblet

Murallas Ibérica y romana

GERONA

Catedral

Cadaqués

Costa Brava

Baget

Llívia

EXTREMADURA

Extremadura, como su nombre indica, es ya el extremo, la frontera de España. Gran parte de su historia estuvo sometida a los intereses contrapuestos de cristianos y árabes, de portugueses y españoles, de príncipes y nobles que dirimían sus disputas en esta tierra abierta y alejada. El campesino extremeño, hombre áspero y recio, noble y abnegado, lo ha visto ya todo. Las cosas han pasado siempre ante él de largo, como pasaban los pueblos, las invasiones, el dinero, las cosechas.

Los romanos construyeron en Mérida la capital de la enorme provincia lusitana. Trazaron puentes y calzadas, embellecieron la ciudad con teatros y monumentos. Pero luego vino la ruina, la decadencia. Y todo desapareció como se van las hadas de los cuentos.

Parece que la historia pasa siempre por Extremadura, apresurada y veloz, como corre el galgo por las tierras llanas, como se van las aguas del Tajo hacia el mar. Y lo más grave es que así han tenido que marchar siempre los extremeños de su tierra para vivir la aventura de la emigración. Los maravillosos paisajes de Extremadura, tierras de olivo y encina, de barro y trigo, no daban para comer. Gran parte del país servía de pasto al ganado trashumante, conducido por unos mozos soñadores. Uno de aquellos pastores, hijo bastardo de una familia noble, llevaría a cabo, casi sin ayuda, la increíble conquista del Perú. Acompañado de un grupo de hombres, hambrientos y desesperados, se sentaría en el trono del Reino del Oro y penetraría en los santuarios ocultos del inca. Otro extremeño, Hernán Cortés, conquistaría la capital del reino azteca; quienes hayan leído la crónica de esta conquista comprenderán por qué un extremeño, por humilde que sea, puede siempre ser confundido con un dios. Al ver aparecer a Cortés con sus hombres, aquellos sacerdotes aztecas, acostumbrados a comunicarse con las fuerzas del cielo, creyeron estar en presencia del dios Tetzalcoatl, el héroe mítico que les traía la civilización. Extremeño fue también Núñez de Balboa, el descubridor del Pacífico, aquel hombre capaz de transportar sus naves por tierra a través del istmo de Panamá.

Se ha dicho que España importaba, sin medida, el oro de América. A cambio exportaba sus propios hombres. Extremadura conoce muy bien esa página de la historia, esa figura que aún no tiene nombre en los tratados de doctrina política: la exportación

de la propia sangre a unas tierras lejanas y desconocidas.

Esta fue siempre la región trashumante de España. Carlos V se vino a morir en las dulces soledades del monasterio de Yuste, acompañado por todas las riquezas de su corte. El destino de Extremadura era así: recibir a la gente de paso, al emperador de paso para la muerte.

Por tierras de Extremadura cruzaban también los peregrinos que venían al monasterio de Guadalupe, una de las joyas del arte español. En Guadalupe estuvieron Colón, Cervantes, Felipe II, y Zurbarán: el pintor que ha pintado mejor la fugacidad de las vidas y de las cosas.

Ya se ve que el gran problema de Extremadura no fue jamás hacer historia. Lo que el extremeño quería era hacer su propia historia. Y para eso era necesario adaptar la economía de la región a formas más modernas de vida. Se construyeron carreteras y pantanos, canales y nuevas vías de comunicación. Con los planes de regadío se aprovecharon muchas tierras para nuevos cultivos. Y así, se va perfilando hoy una imagen distinta de Extremadura.

No cabe duda que queda aún mucha historia por hacer. Pero el extremeño tiene hoy la esperanza de hacerla en Extremadura.

GALICIA

Durante muchos siglos, Galicia fue considerada el *finis terrae,* el Finisterre, el extremo occidental de la tierra. Estas provincias boscosas y húmedas formaban algo más que una frontera geográfica: eran como una aduana del más allá, como un límite del misterio. Un historiador romano nos cuenta cómo las legiones contemplaron "con religioso espanto" una puesta de sol a orillas del mar y ese momento mágico en que el disco solar naufraga en el horizonte. Los soldados de César se sentían perdidos en esta tierra misteriosa, poblada de dioses extraños que se escondían en los bosques. Acostumbrados a la luz esplendorosa de Italia que dibuja con nitidez el perfil de las cosas, los romanos creyeron haber atravesado las orillas del río del Olvido, el fabuloso Leteo que, según la leyenda, convertía a los hombres en vagabundos desmemoriados, sin patria.

El aire y la luz de Galicia tienen propiedades mágicas. A veces, en una mañana brumosa, vemos cómo las palabras que pronuncia una vieja se convierten en objetos al salir de sus labios. En las sombras del atardecer los campesinos han visto muchas veces un extraño cortejo que atraviesa los montes: es la Santa Compaña, la cofradía de las almas en pena que no encuentran descanso. Todo tiene una vida y una muerte propias en Galicia: las aguas brotan calientes en los manantiales, los ríos arrastran pepitas de oro, los palacios guardan tesoros enterrados...

Hay pueblos que extraen petróleo, níquel, hierro, del fondo de la tierra. Pero en Galicia no; la minería gallega es la minería del misterio, la prospección de la magia y del milagro. Del fondo de Galicia surgen enanos, moros guardianes de tesoros, perros que ladran sobre las olas del mar, espíritus vagabundos. Un día salió del fondo de la tierra nada menos que el apóstol Santiago decapitado. Y así se fundó la grandiosa basílica de Compostela que atrajo a millares de peregrinos de todas partes del mundo. El famoso camino de Santiago fue una de las rutas culturales más importantes de la Edad Media. Gracias a la peregrinación se crearon nuevos lazos de convivencia entre los pueblos de Europa. Todavía el camino está sembrado de hospitales y basílicas, conventos y ermitas, donde se detenían los peregrinos en su piadosa andadura.

El subsuelo milagroso de Galicia fue muy codiciado por los monjes y fundadores de conventos que levantaron en esta región las mejores obras arquitectónicas del románico.

Y tan milagroso como la tierra es el mar. Muchas veces los pescadores salen en sus viejas *dornas* a pescar y regresan con la imagen de un Cristo Crucificado que andaba sobre las aguas.

Al gallego, en verdad, le gusta sentirse así, ciudadano del *finis terrae,* habitante de una tierra poética y lírica que produce milagros en medio de una prosaica cosecha de hortalizas. En el fondo es un hombre cargado de historia, de culturas y de humor. Habla una lengua dulce, una transformación del latín de los legionarios en idioma poético. Cuando emigra lejos de su tierra enferma de *morriña:* una especie de melancolía del milagro, de nostalgia del misterio.

Para creer en el milagro, el gallego necesita nutrirse de alimentos sólidos. Si asistís a la romería de Santa Marta de Ribarteme contemplaréis un increíble espectáculo: una comitiva de duelo transporta los ataúdes que estaban ya dispuestos para enterrar a los enfermos que Santa Marta curó. Pero al terminar la procesión, el muerto sale de su féretro y, como un nuevo Lázaro, se marcha de "picnic" con su familia a comer las sabrosas empanadas de la tierra y a beber unas copas del vino de la región. Hay, sin duda, un fondo sólido en todas las cosas de Galicia. Hay también —no se asusten los aficionados a las estadísticas— una poderosa industria derivada del mar, factorías conserveras, astilleros... Pero esas cosas, si no se produce un milagro, no dan todavía para comer a Galicia.

LA CORUÑA

Santiago de
Compostela

Monasterio de
San Martín
Pinario, Santiago
de Compostela

Puerto y Avenida
de la Marina

LUGO

Vista aérea con
la Catedral

Ayuntamiento

Puerto de Ribadeo

Puente romano en
el río Miño

Vicedo

ORENSE

Cruceiro y Hórreo
en Ribas de Sil

El río Miño a su
paso por Orense

PONTEVEDRA

Plaza de la Leña

Vista de la ciudad y la ría de Vigo

Portonovo

Selección de caballos salvajes para la doma, Oya

Tuy

La ría de Pontevedra

LEON

Si preguntásemos a un astrólogo las características que definen al signo del león podríamos componer una imagen parecida a ésta: orgullo, poderío, vitalidad, constitución robusta y altos ideales.
Son, poco más o menos, los mismos caracteres que distinguen a los habitantes de esa región española que agrupa a tres provincias bajo el altivo nombre de León.
La historia de León se mezcla muy pronto con una tradición guerrera y militar. En estos campos dicen que nació Viriato, aquel pastor que se enfrentaba como un guerrillero contra las tropas del Imperio Romano. Por aquí anduvo también el Cid luchando con las huestes de su rey. En un pueblecito de Salamanca nació Bernardo del Carpio, el caballero que, según la leyenda, vencería en Roncesvalles al valiente Don Roldán. A orillas del río Orbigo, tuvo lugar el histórico lance del Paso Honroso donde el enamorado Suero de Quiñones retó a todos los caballeros de Europa durante treinta días y treinta noches, como mandan las reglas del honor.
Hasta los santos fueron gente aguerrida y valerosa. De San Juan de Sahagún, el milagroso patrón de Salamanca, se cuenta que aguantó a pie firme la embestida de un toro bravo desmandado por las calles de la ciudad.
El reino de León fue, durante muchos siglos, independiente. Pero su propia situación geográfica, en una tierra de paso, entre Extremadura y Asturias, entre Portugal y Castilla, la convertían en país vulnerable. Numerosos caminos cruzaban la región de parte a parte. Tierras llanas, sembradas de trigo y vid, que se elevan abruptamente en la cordillera de los Picos de Europa. En sus ríos, frescos y rápidos, se pescan sabrosísimas truchas. En los pueblos montañeses se curan excelentes embutidos. Es una tierra de pastoreo y reposo, que invita a la meditación y al paso lento. Corriendo, como alma que lleva el diablo, la atravesó el moro Almanzor y no dejó más testimonio que la destrucción. Lentamente, por etapas, la atravesaron los peregrinos que se dirigían por León hacia el camino de Santiago; y la historia conserva todavía, con orgullo, los monumentos que dejaron a su paso. Hasta los personajes literarios, como el Lazarillo de Tormes, han impregnado con su biografía estos caminos.
La tierra leonesa no es pobre. Tiene un subsuelo rico que produce uranio, wolframio, hierro y hulla. Hay buen ganado, magnífica caza, y espléndidos jardines donde se cultiva el garbanzo, las habas,

la vid y el trigo. En Béjar se fabrican los famosos paños que ya tenían renombre en el siglo XV. Y lo que no puso la naturaleza lo puso la mano del hombre; algunas de las más bellas ciudades de España —como Salamanca que fue en tiempos la Universidad de Europa— o las más grandiosas catedrales —como la de León— o las más impresionantes fortalezas.

Esta es, sin duda, una tierra de pastores y peregrinos. Fue —ya lo hemos dicho— un país guerrero. Pero su concepto de la guerra era aquel que tuvieron los caballeros medievales en sus cortes de amor y de honor. Aquellos hidalgos de antaño —nobles, caballeros, monjes— no renunciaron jamás a las reglas de su aristocracia; hoy podéis encontrarlos como pastores, campesinos, o como simples obreros de esta oscura sociedad industrial.

LEON

La Catedral
Hostal de San Marcos
Palacio Episcopal Gaudí, Astorga
Castillo de Valencia de Don Juan
Catedral de Astorga
Sahagún
Posada de Valdón, picos de Europa
Plaza Mayor en día de mercado

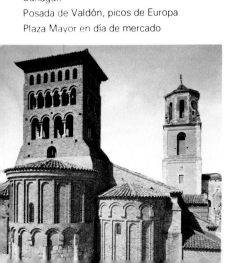

MURCIA

La región murciana está situada geográficamente en el sureste de España, entre Valencia, Aragón, Castilla y Andalucía. Parece que las fuerzas más dispersas tiran de ella en todas las direcciones. Y así ocurre que el murciano prepara un día su equipaje y se va de su tierra. Marcha a Madrid, a Barcelona, a Valencia... en busca de trabajo seguro y algún sueño oculto. Es un poco extranjero en todas partes: su temperamento levantino y mediterráneo se refuerza cuando entra en Castilla; su vena castellana se fortalece cuando emigra a Cataluña; sueña en Andalucía cuando llega a Valencia.

La misma región murciana es así: en la huerta se parece a Valencia, en las tierras llanas se funde con la Mancha, en el sur se va pareciendo a Andalucía. En la huerta canta el agua. En las tierras secas se siente el aroma del romero, el perfume de unas plantas diminutas que luchan contra la sed y el viento.

Bajo este sol meridional, altivo y crudo, los perfiles se dispersan. Murcia no es más pobre que otras regiones españolas. El puerto de Cartagena es, por su volumen de exportaciones —¡siempre la dispersión!— uno de los primeros de España. En Escombreras funciona una de las refinerías de petróleo más importantes de Europa. Caudalosos ríos y pantanos riegan sus huertas. Sin embargo, todo parece un poco disperso.

Los árabes realizaron verdaderos prodigios en el regadío de las tierras y en la ordenación de la agricultura. Pero con el decreto de expulsión de los moriscos —¡otra vez la fuerza disgregadora!— la economía murciana sufrió un duro golpe. Luego pasaron los cristianos levantando castillos que se llevó el viento. Las grandes ideas, las enormes empresas, se deshacían. Porque quizá lo más esencialmente murciano sea el cuidado y la elaboración de las cosas humildes. Murciano fue el famoso Salzillo, creador de las mejores imágenes religiosas del arte español. Sus tallas gozan todavía del fervor popular en los solemnes desfiles de la Semana Santa de Murcia. Murcianos fueron La Cierva y Peral, los inventores del autogiro y del submarino. Cuando el murciano se mueve entre las cosas humildes —el cincel, el plano, la azada, el esparto, el barro— levanta monumentos para la eternidad. Como huele el romero, como canta el agua...

MURCIA

Noria en Alcantarilla

Fachada de la
Catedral

Iglesia de Santa Cruz,
Caravaca

Caravaca

Vega Alta del Segura,
Ojós

ALBACETE

Casa Consistorial
de Chinchilla

Castillo de Almansa

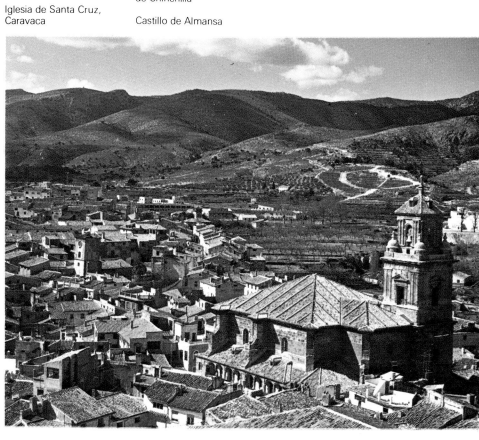

NAVARRA

Para explicar el alma y la historia de Navarra habría que ser un juglar, uno de aquellos poetas vagabundos que recorrían los caminos relatando hazañas de amor y guerra. Porque en estas tierras de Navarra, la historia es mucho más que una simple recopilación de cosas pasadas; es una aventura, una emoción dramática.

En tierras de Roncesvalles, en el corazón del Pirineo navarro, se escribió la *Chanson de Roland*, la más famosa canción de gesta que se compuso en lengua romance alrededor del siglo XI. El poema se inspira en la derrota que sufrieron las tropas de Carlomagno frente a los montañeses vascos.

Roland, el caballero arrogante que encarna todas las virtudes del héroe medieval, se resiste a pedir ayuda. Con las sienes rotas y la boca llena de sangre combate hasta el límite de sus fuerzas. Y cuando ya se siente irremisiblemente perdido, sopla en su cuerno de caza unas notas desesperadas. Pero ya es tarde. El príncipe muere entre los restos de su ejército. Su amada Alda le llorará para siempre en las dulces tierras de Francia. Como fondo de la canción se escucha la voz de Carlomagno, el emperador anciano que ha visto morir a los hombres más jóvenes y valientes de su corte: ¡Qué penosa es la vida, Señor!

La historia de Navarra podría contarse siempre así, como una canción de gesta, con fuertes ingredientes de acción y aventura. Por eso el navarro se siente tan apegado a las tradiciones; cuando la historia se dibuja con perfiles tan bravos y cuernos tan agudos, merece la pena correr delante de ella.

Al navarro le gusta sentir el riesgo de la vida, la sal de las emociones. Cuando llegan las fiestas de San Fermín, en el mes de julio, corre delante de los toros. ¿Por qué? Porque la vida, cuando se arriesga, es como el vino cuando se bebe a chorro: toma un sabor más fuerte, más definitivo.

El temperamento navarro tiende, de una forma natural, al riesgo; descubre en el peligro una posibilidad de trascendencia. "Tienen por honra el dejarse despedazar por sus enemigos", decía con asombro un capitán italiano. "Murió el hombre mas no su nombre", se lee en la divisa de un caballero español. Es una filosofía terrible que sólo puede comprenderse cuando se prueba; un famoso escritor norteamericano decía que correr delante de los toros en San Fermín es como bautizarse o nacionalizarse español. Es, al menos, una de las actitudes que más tientan al extranjero cuando quiere hacer profesión de españolismo.

En el temperamento navarro pesa mucho la tradición medieval: un sentido caballeresco de la vida que se afirma en el desprecio a la muerte y en una profunda religiosidad. Son, seguramente, las mismas normas espirituales que llevaban impresas en el alma los peregrinos de Santiago. Por St. Jean Pied de Port y Roncesvalles entraba en España una de las más antiguas rutas de peregrinación. No cabe duda que muchos ideales navarros se forjaron en ese camino universal, en esa vía de aventura y de fe.

El poder de la Iglesia, como institución universal, fue siempre muy grande en Navarra: el sentido católico y trascendente de la vida se armoniza perfectamente con el temperamento navarro. Incluso durante las guerras civiles que asolaron España durante los siglos XIX y XX, gran parte de la juventud navarra dio su vida por sus ideales. Sería muy fácil, y muy simplista, juzgar esta actitud desde unos prejuicios ideológicos, desde uno u otro bando. Pero el navarro no mira a la historia horizontalmente, desde la izquierda o la derecha. Su visión de la vida es trascendente y vertical: arriba y abajo, como la miraban los peregrinos de Santiago que atravesaban los valles cantándole salmos a la noche estrellada.

Las guerras civiles y la ruina del Imperio Español asestaron duros golpes a la economía navarra. Los campos se despoblaron y comenzó el éxodo del pueblo a la capital. Pero el navarro mantuvo siempre su fidelidad a sus ideales; defendió sus propios fueros y tradiciones en las circunstancias más adversas. Porque al defender y reclamar su patrimonio histórico, el navarro no toma una actitud exclusivista o marginal. En estas tierras se forjaron la canción de gesta y los ideales cristianos de la Edad Media: ni más ni menos que el alma y el espíritu de Europa.

NAVARRA

El Ebro a su paso por Tudela

Plaza de los Fueros, Tudela

Castillo de Javier

VALENCIA

Cuando se habla de Valencia, como cuando se habla de ciertos pintores, es fácil recurrir al tópico del color: la huerta, los almendros, las fallas... Esta visión colorista y barroca del País Valenciano podría sostenerse con infinitos ejemplos: un pintor como Sorolla, unos aventureros como los Borgia, o un escritor como Vicente Blasco Ibáñez.

Rodrigo Borgia —su verdadero nombre era Borja— ha sido el valenciano más popular de todos los tiempos. Nació en Xàtiva, donde ya se hizo famoso por su fealdad y por la potencia de sus genitales. Luego hizo carrera en la Iglesia gracias a la protección de su tío, el papa Calixto III, que le abrió las puertas del Vaticano. Rodrigo llegó al papado con el nombre de Alejandro VI, y dejó al morir una descendencia blasfema y terrible que ha llenado las páginas de la literatura: el criminal César y la envenenadora Lucrecia Borgia fueron hijos de aquel bravo varón valenciano.

La historia, así contada a grandes rasgos, es un poco truculenta. Pero el valenciano —¡nadie se asuste!— es un artista de la biografía y de la novela. Sabe extraer de las cosas sus rasgos más picantes o caricaturescos, las luces más dramáticas.

Algo tiene el agua cuando la bendicen, afirma un refrán castellano. Y algo de verdad debe tener también el tópico cuando es tan denso, tan barroco, tan evidente.

> Valencia
> es la tierra de las flores,
> de la luz y del color.

Ya no hay quien pueda quitarle a Valencia ese atuendo de pasodoble y fiesta. Hasta los turistas se saben de memoria esta canción fácil y bullanguera del maestro Padilla que se hizo famosa por los años treinta. Pero nadie tiene la culpa de que le retraten vestido de carnaval; y al valenciano tampoco le ofende esta amable caricatura de su país.

Yo creo que Valencia ha sido, en cierta forma, una de las imágenes más exportables que ha tenido España a lo largo de la historia; ha sido un escaparate de las cosas más vendibles del país: la naranja, el pasodoble, la paella. Ya es todo un arte esa habilidad que tiene el valenciano para ponerle un membrete internacional a sus cosas más típicas. La mayoría de los productos "made in Spain" son, en realidad, "made in Valencia". En un mundo que exporta armas siniestras, energía peligrosa, ideologías fanáticas, etc., los valencianos se han especializado en la exportación de pasodobles, paella, naranjas, juguetes, zapatos y biografías apasionadas como la de Rodrigo Borgia.

Cuando los españoles quieren entrar en Europa, salvando los inconvenientes de la leyenda negra —la Inquisición, las dictaduras, los abusos del Imperio— montan el escaparate de Valencia que es como el perdón de todos nuestros pecados.

— ¿Pero ustedes no siguen matando herejes?

— No, señor; ahora exportamos agrios, que viene a ser lo mismo.

Yo creo que, en el fondo, la caricatura barroca de Valencia es obra de los propios valencianos. El genio popular levantino tiene especial sensibilidad para captar la exageración, la grandilocuencia o el exceso. Ese espíritu, cuando se expresa en el terreno del humor, produce la "falla"; cuando se expresa dramáticamente produce la máscara trágica o el expresionismo. Los artistas populares que fabrican los famosos monumentos de las fallas son, simplemente, escultores de la caricatura. Hinchan y exageran el gesto de sus muñecos de cartón, igual que el periodista fuerza los titulares de su crónica; para buscarle a la actualidad su máscara, su retrato robot.

Dentro del colorido superficial de Valencia hay, a veces, una crítica ácida y amarga de las cosas. Ahí están también esos pueblos pintados de azul, de rosa, de verde, como si estuvieran celebrando un carnaval. Para penetrar en su alma hay que atravesar primero esa aura de color, ese espectro de luz. Nadie olvide que ésta es una tierra acostumbrada a vivir bajo el sol o, dicho en otras palabras, a jugar con los espejismos. Yo no podría vivir en esos países que tienen un color verde-reúma, decía el pintor Sorolla.

¿Y los antiguos valéncianos?: aquellos que, según la leyenda, prefirieron morir abrasados entre las ruinas de Sagunto antes que entregarse a los romanos; aquellos que esculpieron la famosa Dama de Elche; los descendientes de íberos, romanos, godos, árabes... La mayoría de los valencianos actuales descienden de los catalanes y aragoneses que colonizaron estas tierras en el siglo XIII. Las más viejas raíces históricas se perdieron cuando, en 1609, el monarca Felipe III expulsó por decreto a todos los musulmanes de España.

Paisajes desnudos, de cañas y barros, donde crece el arroz; grandes palmerales en Elche, ciudad blanca y africana donde se cultivan los dátiles; jardines de naranjos en esa huerta tan poblada como el valle del Ganges; hermosas playas en Alicante y Benidorm...

Se ha dicho siempre que es la tierra de las flores, de la luz y del color... y, a lo mejor, es verdad.

VALENCIA

Santa Catalina

Fiesta de las Fallas

Torre de Serranos

Plaza del Caudillo

La Albufera

Teatro romano,
Sagunto

Cullera

Gandía

PAIS VASCO

En esta tierra española que amó siempre más las grandes ideas que la naturaleza, hay un reducto privilegiado donde el hombre se siente todavía señor de los bosques: me refiero, naturalmente, al País Vasco. En el fondo del temperamento vasco hay cierto espíritu pagano, supersticioso, arcaico y montaraz; una savia viva que se resiste a las frías clasificaciones de la historia o de la cronología. Se nace vasco como se nace roble o montaña; por una simple razón natural. Y cuando uno nace vasco se siente parte de la naturaleza, unido a los árboles o a los valles por misteriosos lazos de amor y parentesco. Eso es lo que los sabios llaman un espíritu pagano. Pero no el civilizado y académico paganismo latino que convierte a sus dioses en viejos burgueses sedentarios, en senadores o patricios romanos. El paganismo vasco, que habla con los árboles y los genios de los bosques, es más misterioso, más bravo, más antiguo; tan misterioso y antiguo que siempre hay algún cretino dispuesto a demostrar que el vasco es el hombre de Neanderthal o que la lengua *euskera* es la que hablaba el padre Adán en el paraíso.

Las cosas del País Vasco son siempre antiguas, como la misma naturaleza; misteriosas como el río, la montaña, la nube o el mar. Pero no son nunca arqueológicas o eruditas, entre otras razones porque el vasco se ríe de las cosas artificiales, por muy cultas que parezcan, e incluso de la historia.

El vasco ha hecho muchas cosas importantes a lo largo de la historia; pero no las ha escrito ni propagado como otros pueblos más dados a la crónica heroica. Los campesinos que derrotaron a Carlomagno en Roncesvalles, bajo una lluvia de piedras, eran vascos. Y, sin embargo, no ha quedado ninguna relación de la batalla que sea obra de los vencedores. Los franceses escribieron la canción de Roldán; y hasta los castellanos crearon la leyenda de Bernardo del Carpio. Los vascos, sin embargo, olvidaron su propia historia. Vasco fue también Iradier, el compositor de muchas canciones populares españolas del siglo XIX, el hombre que inspiró a Bizet su famosa ópera *Carmen* y fue maestro de canto de la emperatriz Eugenia de Montijo. Es uno de los más grandes, de los más universales artistas vascos; y quizá, por eso, no ha dejado historia y sigue siendo un personaje oscuro e ignorado para los aficionados a la música. Vascos fueron también los primeros enciclopedistas españoles y Juan Sebastián de Elcano, el marino que acompañó a Magallanes en su vuelta al mundo. Cuando regresó de su viaje, el monarca Carlos V le concedió el privilegio de poner en su escudo un globo terráqueo y la divisa: Primus circumdedisti me. Luego, le mandaron de segundo a un barco. El olvido de los nombres vascos en la historia es casi un misterioso destino. Cuando entran en la historia, como marinos, como soldados, como hombres de empresa, entran en grupo, en especie, formando un orfeón.

— ¿Quién venció en Roncesvalles?

— Los vascos.

Unidos a España y a Francia por lazos naturales, los vascos se sienten muchas veces perdidos entre estos países tan amantes de la gloria individual y del nombre propio. Entonces surge, como contrapartida, el orgullo vascongado: esas casas cargadas de blasones que son como una afirmación desesperada del apellido o esos personajes feroces —Baroja, Unamuno, Aranzadi— que hacen la crítica más apasionada y honesta de España. Al sabio Aranzadi, que era un gran antropólogo, nadie le hizo caso en España. Pero él se vengaba a su manera desde su cátedra, cuando comenzaba a dar vueltas al aula con sus andares desgarbados y su malhumorada cojera, diciendo a sus alumnos.

— Así, como yo, anda la cultura en España.

El vasco, hombre de frontera, está acostumbrado a ver a España con perspectiva; es capaz de juzgarla con distancia y es capaz de amarla con esa pasión que la cantan los versos de Iparraguirre, el poeta que compuso los inmortales versos del *Guernicaco Arbola* (El árbol de Guernica):

Ara nun diran mendi maiteac
Ara nun diran celayac.
Baxerri eder, zuri zuriyac
Iturri eta ibayac
Hendayan nago zoraturican
Zabal zabalic beguira.
Ara España, lur oberican
Ez da Europa gustian.

Ahí está el monte querido,
ahí está el prado,
los caseríos blancos, muy blancos,
la fuente y el río.
Estoy en Hendaya enloquecido,
con los ojos abiertos, muy abiertos mirando
Ahí está España, tierra mejor
no la hay en toda Europa.

Cuando el vasco habla de España la mira con ojos vascos; buscando en ella caseríos dulces, árboles, montes, fuentes y ríos. No busca sus ideas ni sus

monumentos ni sus historias; la ama con una ternura
casi franciscana, de pueblo acostumbrado a mirar
a la tierra y a los árboles.
Voltaire decía con mucho ingenio que los vascos
son un pueblo que baila en los Pirineos. El espíritu
de la danza, el genio de Dionisos, no es,
evidentemente ajeno a este pueblo que vive en los
valles y ha tenido sus dioses en la cumbre de los
montes. El vasco no ha creado nunca una cultura
clásica. Es un pueblo de montes y de naturaleza,

de viento y de canciones. Para sobrevivir en un
mundo que no cree en la naturaleza ha tenido que
crear la industria más poderosa de España; tiene
que moverse entre humos y grúas, entre puentes
y altos hornos. Pero en el fondo de esa bruma
industrial sueña melancólicamente con el aire
perfumado de sus montes, el olor del heno, el
perfume de los prados húmedos, las hojas
plateadas, el fuego del hogar, y los árboles grises
donde cantan los pájaros en coro.

GUIPUZCOA

Vista Parcial de la Concha,
San Sebastián

Puerto Pesquero, San Sebastián

Puerto deportivo, San Sebastián

Puerto pesquero, Guelaria

Puerto pesquero, Pasajes

Puerto pesquero, Motrico

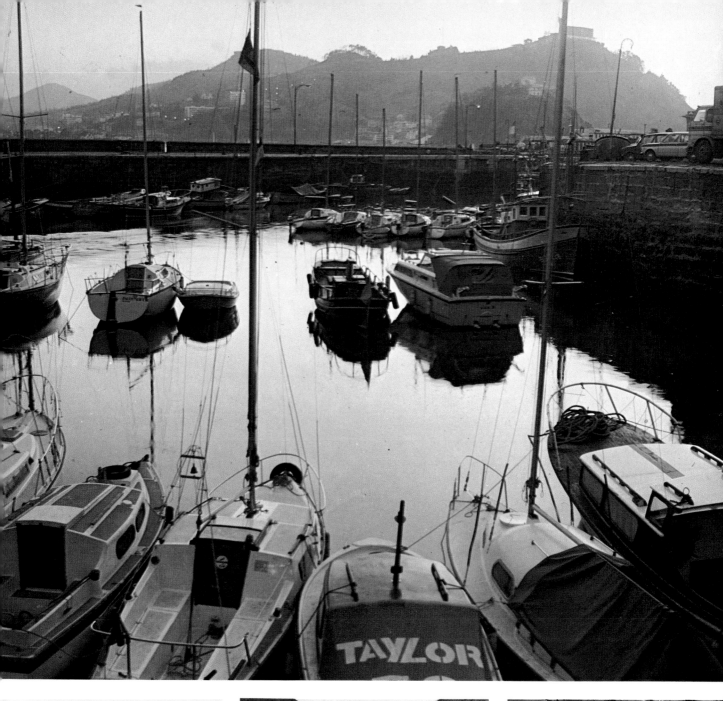

ISLAS BALEARES

Las islas tienen siempre una imagen literaria, romántica, insolidaria: una imagen prefabricada por las agencias de turismo para los veraneantes que se sienten discípulos de Robinsón Crusoe. Las islas Baleares son el negativo de esa falsa propaganda. Han sido siempre centros de comercio y de cultura. Griegos, romanos, cartagineses, árabes, y todos los pueblos civilizados de la historia se han detenido en sus puertos. Uno de los más grandes personajes de las islas, el mallorquín, Ramón Llull, teólogo y poeta, filósofo y científico, escribía sus libros en catalán, latín y árabe. Su figura avanza ya el perfil del genio humanista del Renacimiento; incluso su preocupación por los temas de la astronomía es claramente renacentista. El hombre balear no tiene voluntad de conquistador; cuando se hace a la mar no lleva un ejército, ni armas, ni barcos de guerra. Navega acompañado por las estrellas y el sol, por esa luz incomparable de su tierra y por esa calma de sus noches. Se comprende, pues, que las Baleares hayan dado a la ciencia y a la geografía toda una legión de cartógrafos y descubridores que no aparecen en la historia de los imperios, sino en los anales del saber.
— ¿Qué me pedirás si te doblo tus sufrimientos?
—dice un personaje de Llull.
— Que me dobles a cambio mis amores, responde otro.
Ahí está el tesoro escondido de estas islas del Mediterráneo: el hombre que se hace sabio en el cultivo paciente de la tierra, en la aventura diaria de las cosechas y las navegaciones. Pensad que hasta la vegetación tiene aquí —¡estamos en el Mediterráneo clásico!— dimensión humana. Altura de hombre tiene el olivo y figura de mujer tiene el almendro cuando florece en invierno.
El humanismo del olivo da luego, prensado por la civilización y la cultura, la sabiduría deslizante y suave del aceite. Las ideas y las razas más diversas engranan perfectamente en las islas. Porque las Baleares forman un puente de transición entre Europa y Africa, entre la medida clásica de los antiguos griegos y la indolencia barroca de la danza árabe.
Cada una de las islas —Mallorca, Menorca, Ibiza, Formentera, Cabrera— tiene su perfil propio; las comunicaciones entre ellas fueron difíciles hasta época bastante reciente. Cada una tiene incluso sus propias variantes lingüísticas y hablan diferentes dialectos del catalán. Porque el idioma se ha sedimentado también largamente, como una artesanía del pensamiento y de la vida.

Todo lo contrario de unas islas de Robinsón: tierras de cultivo, de historia, de cultura, sembradas de olivos y de catedrales, de almendros y molinos de viento, de pinos y de muebles barrocos. La vida pasa por las islas con un sereno compás de minueto, calmoso y noble como el *ball* de los campesinos. Y así se explica el milagro del turismo: millones de viajeros, llegados de todas las partes del mundo, se lanzan cada año sobre las islas. Se construyen hoteles y apartamentos, aeropuertos y centros comerciales. Hay que habilitar la casa para las necesidades de la hospitalidad. Pero el ritmo de la vida no cambia; envuelve al extranjero en su compás sereno, en esa calma que aprende el hombre de mar dejándose mecer por las olas.

MALLORCA
Puerto
Molinos de viento de Palma de Mallorca
Cala Figuera
Formentor
IBIZA
Puerto

IBIZA

"Sa Penya".

Portal de Tablas

Bailes típicos en
San José

San Antonio

MENORCA

Mahón

Mahón

Ciudadela

Cala Rafalet

Naveta d'es
Tudons

Taula del poblado
megalítico de
"Talatí de Dalt"

Binibeca

ISLAS CANARIAS

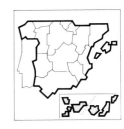

Las islas Canarias tienen una dramática —y hermosísima— leyenda. Como las antiguas diosas mitológicas son hijas del mar y del fuego, del volcán y del agua. *Afortunadas,* las llamaron los primeros navegantes. ¿Son las últimas supervivientes de aquel Continente Terciario, de aquella legendaria Atlántida que se hundió en el mar?

Al pasar nuestra mirada sobre las islas, ya desde el aire, asistimos a la misteriosa génesis del archipiélago. Por un lado, la acción destructiva de las aguas y la erosión de los vientos; por la otra parte, la acción constructiva, sedimentaria, casi artesana, de los volcanes.

Se dice que los primeros habitantes de Canarias vinieron del continente. Los primitivos guanches eran pastores, desconocían los metales y tallaban la piedra para fabricar sus armas. Con la cebada y el trigo preparaban una harina —el gofio— que aún constituye uno de los alimentos típicos de las islas. Al producirse, durante el Renacimiento, la ocupación española, las islas entran a formar parte de Europa. Gentes llegadas de España y del continente —sevillanos, vascos, mallorquines, genoveses, portugueses...— van creando la mezcla de sangres que dará origen al tipo isleño. De vez en cuando, rebrota el tipo autóctono del guanche de pelo blanco y ojos claros. Es natural: como rebrota en los habitantes del continente el tipo fenicio, o griego, o romano. No es una cuestión de folklore, sino de familia, de asimilación, de cultura.

Por su situación geográfica, las Canarias se convierten ya muy pronto en la encrucijada de tres continentes: Europa, Africa y América. Así se desarrollan sus puertos, sus universidades y su vocación comercial. Unos pueblos han creado sus colonias en la India, en América o en el Congo. Los canarios colonizaron el mar. Se situaron en mitad del océano, como un faro o una referencia de civilización: abiertos al comercio, al intercambio de ideas.

Pero las Canarias no son sólo un jardín creado por los vientos y los volcanes. Estas tierras, aparentemente blandas y generosas, se han abierto al cultivo con un esfuerzo continuado y duro, con una fidelidad amorosa y callada. Las islas tienen mayor población rural que urbana. Y quizá por eso su historia debiera contarse todavía desde el campo, desde esos pueblos asomados sobre las mieses, desde esos hombres que, inclinados sobre el arado, modelaron sus tierras.

El canario es un hombre acostumbrado al trabajo paciente. Trabaja con una sensibilidad de orfebre, con una precisión de artesano. Cuando el campesino labra la tierra, parece que la dibuja o la peina. Al llegar las fiestas del Corpus adorna las calles con alfombras de flores. Y cuando labora manualmente sus productos artesanos hace delicados encajes de hilo o de palma.

Es difícil encontrar el agua en las entrañas de las islas. A veces, hay que abrir túneles y galerías subterráneas. Es un trabajo casi de inspiración, como el arte del zahorí que busca el agua provisto de un péndulo. Hasta la misma tierra fértil tiene que ser transportada, por medios artificiales, a los suelos más áridos.

Gracias a ese trabajo primoroso, las islas parecen un jardín. Pero en otros rincones predomina la imagen dramática de la piedra viva, el desierto, o la tierra volcánica. El turismo extranjero se vuelca ávidamente sobre estos paisajes luminosos donde alternan el plátano y el eucalipto, la buganvilia roja y el mar, la palmera y el volcán.

Las islas Canarias son, sin ninguna duda, el sueño de Europa: un clima privilegiado, unas playas de fuego, un jardín exótico. Pero todo ello dentro de una vieja cultura que no hace concesiones al folklore salvaje o al safari.

Yo creo que las Canarias son toda la porción de paraíso que admite la mente de un Sócrates, de un Goethe o de un Leonardo da Vinci. Ahí está su secreto.

Cuevas guanches
(Gran Canaria)

Puerto de la Cruz
(Sta. Cruz de
Tenerife)

Puerto de la Cruz
(Sta. Cruz de
Tenerife).

Vista exótica
de Tenerife

Plaza de España (Sta. Cruz de Tenerife)

Flor de Pascua

Pico del Teide (Sta. Cruz de Tenerife)

CEUTA
La luminosa y andaluza ciudad de Ceuta está
construída en anfiteatro sobre un istmo estrecho, en
las faldas del monte Acho. Su moderno puerto
ofrece un buen refugio a los navíos. Tiene el alegre e
inconfundible perfil de las ciudades mediterráneas,
ya que su historia va unida a la cultura europea
desde los tiempos de Grecia y Roma. Por su
cualidad de puerto franco es una villa concurrida y
muy animada, escala de los transbordadores que
unen Europa y el continente africano.

MELILLA
Melilla es uno de los más viejos asentamientos
europeos en las costas africanas. Conserva algunos
restos de su pasado; pero es, sobre todo, una villa de
aspecto moderno y espíritu mediterráneo. Se levanta
en una pintoresca perspectiva sobre el Mediterráneo,
en el extremo de una punta que avanza hacia el mar.

La Montaña de Fuego (Lanzarote)

Típicas casas canarias, Icod de los
Vinos

Molino de viento (Lanzarote).

ICONOGRAFIA - SALMER, GEOCOLOR, FIRO FOTO, ROTGER, CANÓS.

Printed in Spain GEOCOLOR®

COGRAF,S.A. Dep. Leg. - B-12.382 - 79